Lecciones de estoicismo

John Sellars

Lecciones de estoicismo

Traducción de Abraham Gragera

El papel utilizado para la impresión de este libro ha sido fabricado a partir de madera procedente de bosques y plantaciones gestionadas con los más altos estándares ambientales, garantizando una explotación de los recursos sostenible con el medio ambiente y beneficiosa para las personas.

Lecciones de estoicismo

Título original: *Lessons in Stoicism*

Primera edición en España: febrero, 2021
Primera edición en México: marzo, 2021
Primera reimpresión: marzo, 2022
Segunda reimpresión: febrero, 2023
Tercera reimpresión: diciembre, 2023

D. R. © 2019, John Sellars

D. R. © 2021, Penguin Random House Grupo Editorial, S.A.U.
Travessera de Gràcia, 47-49, 08021, Barcelona

D. R. © 2023, derechos de edición mundiales en lengua castellana:
Penguin Random House Grupo Editorial, S. A. de C. V.
Blvd. Miguel de Cervantes Saavedra núm. 301, 1er piso,
colonia Granada, alcaldía Miguel Hidalgo, C. P. 11520,
Ciudad de México

penguinlibros.com

D. R. © 2021, Abraham Gragera López, por la traducción

Penguin Random House Grupo Editorial apoya la protección del *copyright*.
El *copyright* estimula la creatividad, defiende la diversidad en el ámbito de las ideas y el conocimiento, promueve la libre expresión y favorece una cultura viva. Gracias por comprar una edición autorizada de este libro y por respetar las leyes del Derecho de Autor y *copyright*. Al hacerlo está respaldando a los autores y permitiendo que PRHGE continúe publicando libros para todos los lectores.

Queda prohibido bajo las sanciones establecidas por las leyes escanear, reproducir total o parcialmente esta obra por cualquier medio o procedimiento así como la distribución de ejemplares mediante alquiler o préstamo público sin previa autorización.
Si necesita fotocopiar o escanear algún fragmento de esta obra diríjase a CemPro
(Centro Mexicano de Protección y Fomento de los Derechos de Autor, https://cempro.com.mx).

ISBN: 978-607-380-101-0

Impreso en México – *Printed in Mexico*

ÍNDICE

Prólogo 9

1. El filósofo como médico 13
2. ¿Qué eres capaz de controlar? 25
3. El problema de las emociones 35
4. Lidiar con la adversidad 47
5. Nuestro lugar en la naturaleza 59
6. La vida y la muerte 71
7. Cómo vivir en comunidad 83

Epílogo 97
Notas 101
Lecturas adicionales 107
Agradecimientos 111
Índice alfabético 113

PRÓLOGO

¿Y si alguien te dijera que gran parte de tu sufrimiento es solo una consecuencia de tu modo de pensar? No me refiero al sufrimiento físico, al dolor o al hambre, sino a esas otras cosas que enturbian nuestra vida: la ansiedad, la frustración, el miedo, la desilusión, la cólera, la insatisfacción en general. ¿Qué dirías si alguien afirmara que puede enseñarte a evitar todo eso, puesto que todo eso no es más que el resultado de mirar el mundo de manera equivocada? ¿Te imaginas que evitarlo estuviera a tu alcance, que dependiera solo de ti?

Esto es lo que afirman en sus respectivas obras los tres grandes filósofos estoicos de la antigua Roma: Séneca, Epicteto y Marco Aurelio. Los tres vivieron en los siglos I y II de nuestra era. Séneca fue tutor del emperador Nerón; Epicteto, un esclavo que consiguió la libertad y que fundó una escuela de filosofía, y Marco Aurelio, emperador de Roma. Sus vidas no podrían haber sido más distintas, y, sin embargo, los tres abrazaron el estoicismo como guía para vivir una vida buena.

En la época en que escribían nuestros tres filósofos romanos, la filosofía estoica tenía ya tres siglos de antigüedad. El fundador de la escuela se llamó Zenón y procedía de Chipre. Alrededor del año 300 a. C. visitó Atenas como representante del negocio familiar —era hijo de un mercader— y entró en contacto con algunos filósofos. Muy pronto empezó a estudiar con los maestros de las numerosas escuelas que había en la ciudad, las cuales competían entre sí. En lugar de adscribirse a alguna de ellas, decidió crear la suya propia y empezó a impartir lecciones en la *Stoa* Pintada, un pórtico que se encontraba en el centro de Atenas. No tardó en tener seguidores, a quienes se les conoció con el nombre de «estoicos» por su costumbre de reunirse en la susodicha *stoa*. La escuela estoica la perfeccionaron dos discípulos de Zenón, Cleantes y Crisipo. Los dos procedían de Asia menor. Los estoicos posteriores provenían incluso de más lejos, y de más al este, como Diógenes de Babilonia. Ninguna de las obras de estos primeros filósofos estoicos sobrevivió; ninguna llegó a pasar de los rollos de papiro a los pergaminos medievales, y todo lo que sabemos de ellas se basa en citas y resúmenes elaborados por otros autores más tardíos.

Nuestros tres filósofos romanos, en cambio, sí que nos han legado un importante corpus literario. De Séneca, por ejemplo, se han conservado ensayos sobre temas filosóficos variados, un conjunto de cartas a su amigo Lucilio y unas cuantas tragedias. De Epicteto, contamos con una serie de disertaciones escritas por su discípulo Arriano, que recogen enseñanzas de la escuela, y un breve manual que contiene algunos de los temas clave de dichas disertaciones. De Marco Aurelio tenemos algo muy diferente, unos apuntes privados en los que brega con las principales ideas del estoicismo y trata de llevarlas a la práctica en su propia vida.

Las obras de estos tres estoicos romanos han inspirado desde entonces a multitud de lectores y les han enseñado a enfrentarse a las dificultades cotidianas con las que tropezamos, cada uno de nosotros, en nuestro recorrido vital. El tema principal de esas obras es cómo vivir, esto es: cómo llegar a comprender nuestro lugar en el mundo, cómo sobreponernos cuando las cosas no nos salen como nos gustaría, cómo manejarnos con nuestras pasiones, cómo comportarnos con el prójimo. Cómo vivir, en suma, una vida buena, digna de un ser racional como lo es el ser humano. En los próximos capítulos analizaremos en profundidad algunos de estos temas. Empezaremos teniendo en cuenta lo que los estoicos pensaban que podía ofrecernos su filosofía, esto es, una terapia para la mente; exploraremos qué cosas están bajo nuestro control y cuáles se nos escapan; comprobaremos cómo nuestro modo de discurrir puede generar a veces emociones dañinas; a continuación prestaremos atención a nuestra forma de relacionarnos con el mundo exterior y al lugar que ocupamos en él, y terminaremos centrándonos en nuestras relaciones con los demás, de las que proceden tanto las alegrías como las tensiones de la vida diaria. Como veremos, la imagen típica que representa al estoico como un ser aislado e infeliz no le hace justicia a la rica corriente de pensamiento que recorre las obras de nuestros tres filósofos romanos. Sus libros han sido clásicos eternos, inagotables, y con razón. Su popularidad se mantiene intacta hoy en día. Y las nuevas generaciones no dejan de acudir a ellos en busca de lecciones provechosas.

1

El filósofo como médico

Hacia el final del siglo I de nuestra era, un antiguo esclavo, oriundo de Asia menor y de quien no sabemos siquiera su verdadero nombre, fundó una escuela de filosofía en una nueva ciudad situada en la costa occidental de Grecia. No acudió allí por voluntad propia; lo desterró de Roma, junto con todos los demás filósofos, el emperador Domiciano, quien consideraba a estos intelectuales una amenaza potencial para su gobierno. La ciudad se llamaba Nicópolis y la había fundado un siglo antes Augusto. Al esclavo se lo conocía por el nombre de Epicteto, que en griego antiguo significa «ganado», «adquirido». La escuela de Epicteto atrajo a muchos estudiantes y personalidades insignes durante el tiempo que permaneció activa. Una de ellas fue el emperador Adriano, que apreciaba la filosofía bastante más que ciertos predecesores suyos. Epicteto no escribió nada. Fue uno de sus discípulos, Arriano, un joven que se convertiría más tarde, por méritos propios, en un importante historiador, quien anotó las conversaciones mantenidas en la escuela y las desarrolló después para redactar las *Disertaciones*. En ellas Epicteto es muy claro en cuanto al papel que debe desempeñar el filósofo. Este, nos dice, es un médico, y la escuela donde enseña es un hospital, pero un hospital para las almas.

Tal concepción de la filosofía no era nueva; se remontaba, cuando menos, hasta Sócrates. En los primeros diálogos platónicos, Sócrates sostenía que la tarea del filósofo es cuidar del alma tal como el médico cuida de los cuerpos. No debemos entender aquí por «alma» algo inmaterial, inmortal o sobrenatural. En este contexto, el alma equivale a la mente, los pensamientos y las creencias. La tarea del filósofo es analizar y evaluar las cosas que pensamos, examinar su coherencia y su poder de convicción. Y casi todos los filósofos, antiguos o modernos, estarían de acuerdo con esto.

Para Sócrates, y para los estoicos después, preocuparse de cuidar el alma era lo más importante, pues de su estado depende, básicamente, nuestra calidad de vida. Sócrates fue célebre por reprocharles a los atenienses que prestaran tanta atención a sus cuerpos y a sus posesiones y tan poca a sus almas, es decir, a sus principios y a su conducta, ya que la clave de una vida buena y feliz, según él, reside en estos dos últimos factores, no en los primeros. En una importante argumentación, que los estoicos se apropiarían después, Sócrates demostraba que algo tan espléndido como la abundancia de riquezas es en realidad algo inútil, despreciable. Más exactamente, afirmaba que la riqueza material tiene un valor neutro, puesto que puede utilizarse tanto para el bien como para el mal. El dinero en sí no es ni bueno ni malo. Que se use en uno u otro sentido depende del carácter de quien lo posee. Alguien virtuoso puede emplearlo en hacer el bien y alguien que no lo es tanto puede resultar muy dañino a causa de sus riquezas.

¿Qué nos dice esto? Nos muestra que el verdadero valor —la fuente de lo que es bueno o malo— reside en el *carácter* del dueño del dinero, no en el dinero mismo. Nos indica también que prestar demasiada atención a nuestra riqueza, a nuestras posesiones, y descuidar nuestro carácter es un grave error. El trabajo del filósofo es procurar que nos demos cuenta de esto y, luego, ayudarnos a curar nuestras almas y a sobreponernos a todas nuestras flaquezas.

Se deduce, pues, de lo anterior que debemos cuidar *solo* de nuestras almas y volvernos indiferentes al éxito mundano, al dinero o a la reputación. De hecho, los estoicos llamaron «indiferentes» a estas cosas. Solo un carácter excelente, virtuoso, es genuinamente bueno, afirmaron, y solo lo contrario, un carácter desalmado, es malo; lo demás únicamente es «lo indiferente». Algunos filósofos posteriores a Sócrates pensaban así. Los cínicos, por ejemplo, cuyo representante más famoso fue Diógenes de Sinope. Diógenes, de quien se decía que había vivido —durante un tiempo, al menos— en un tonel, como un perro callejero, perseguía la virtud, la excelencia, a expensas de casi todo, y propugnaba un modo de vida simple, en armonía con la naturaleza. Se dice que un día, al ver a un niño beber agua con las manos, exclamó: «Una criatura me ha vencido con su sencillez», y acto seguido se deshizo de una de sus escasas posesiones, su taza.

A Zenón, el primer estoico, lo sedujo durante un tiempo la visión cínica del mundo, hasta que empezó a quedársele corta. Sócrates había dicho que el dinero puede usarse para el bien o para el mal, pero, si uno carece de dinero, carece, en consecuencia, de la capacidad de hacer el bien con él. Como señaló Aristóteles, algunas virtudes requieren cierto grado de riqueza, como la generosidad o la caridad. Y no solo eso, sino que Diógenes, con su rechazo activo de las posesiones, parecía no ajustarse a la afirmación de que tales cosas no son más que meros «indiferentes». Si el dinero es de verdad indiferente, ¿por qué ha de preocuparte entonces si estás en la ruina o nadas en la abundancia? Diógenes parecía sostener que siempre era mejor ser pobre que rico. Y no es difícil percatarse de la huella que esta alabanza de la pobreza dejó en la tradición cristiana posterior.

Pero Zenón no pensaba así. Diógenes había dicho que debemos vivir en armonía con la naturaleza, mientras que el chipriota afirmó que, para nosotros, es del todo natural ir en pos de las cosas que nos ayudan a sobrevivir: comida, refugio, todo lo que es bueno para nuestra salud, las posesiones que contribuyen a nuestro bienestar físico. Eso hacemos, y no hay ningún motivo para sentirse mal por ello. Perseguimos la prosperidad material porque nos asegura la supervivencia.

En el lenguaje cotidiano diríamos que todas esas cosas que nos hacen bien son «buenas», pero Zenón, en la estela de Sócrates, reservaba la palabra «bueno» para el carácter que ha alcanzado la virtud y la excelencia. Valoramos estar sanos, tener bienes materiales y ser respetados, pero ninguna de estas cualidades es «buena» en el sentido en que lo es un carácter que ha alcanzado la excelencia. Esto llevó a Zenón a denominar a estas cosas «indiferentes preferidos», dado que preferimos la riqueza a la pobreza, la salud a la enfermedad y el respeto al desprecio. Claro que sí. ¿Por qué no habríamos de hacerlo? Sin embargo —y esta es la clave—, precisamente porque un carácter virtuoso es lo *único* que puede llamarse en puridad «bueno», jamás debemos comprometer nuestro carácter en la búsqueda de tales cosas, ni debemos creer que ellas, por sí mismas, nos harán felices. Aquel que va en pos del dinero no porque le garantice la supervivencia, sino porque piensa que, solo por tenerlo, vivirá una vida feliz y buena, está seriamente equivocado. La persona que compromete su integridad por la búsqueda de fama o dinero comete un error más grave aún, porque daña su carácter —lo único que puede ser «bueno»— en aras de un mero «indiferente».

Estas son algunas de las cosas sobre las que disertaría Epicteto en su escuela de Nicópolis. Sus alumnos, probablemente, fueron los hijos de la élite romana que estaban a punto de embarcarse en carreras administrativas dentro del organigrama del imperio. Es de esperar que las lecciones recibidas los hicieran mejores personas.

Pero ¿qué significa cuidar de nuestra propia alma? ¿Qué implica tener un carácter excelente? Lo diré con una palabra pasada de moda: ser virtuoso. Esto es: ser sabio, justo, valiente y moderado, las cuatro virtudes cardinales para los estoicos. Eso es lo que significa tener un carácter bueno y ser bueno como humano. Es verdad que todo esto de la «virtud» suena, de entrada, un poco moralista, pero es posible entenderlo de un modo más descriptivo. ¿Qué es un buen ser humano? ¿Se puede hablar de alguien bueno como se habla de una buena mesa o de un buen cuchillo? Una buena mesa es, por definición, aquella que cuenta con una superficie estable; y un buen cuchillo es aquel que corta bien. Si los humanos son, por naturaleza, animales sociales que, desde su nacimiento, forman parte de familias y de comunidades, entonces un ser humano bueno será aquel que se comporte de un modo sociable. Alguien que no lo haga, que no se comporte bien con los demás, que no haya desarrollado, en suma, los rasgos de justicia, valentía y moderación en su carácter, no será, pues, un buen ser humano. Y si carece por completo de esos rasgos, ni siquiera puede hablarse, en rigor, de humanidad. «Es un monstruo», diríamos de quien ha cometido crímenes abominables contra el prójimo.

Nadie desea eso. De hecho, los estoicos toman también de Sócrates la idea de que nadie *elige* ser despiadado y desagradable. Todo el mundo va en busca de lo que *piensa* que es bueno, aunque la idea de algunas personas acerca de lo que es bueno o beneficioso para ellas esté completamente distorsionada. Y aquí es donde el filósofo vuelve a ser necesario. Su tarea, concebida como una medicina del alma, es hacernos examinar nuestras creencias sobre lo bueno y lo malo, sobre lo que pensamos que nos beneficia y sobre lo que consideramos necesario para disfrutar de una vida buena y feliz.

Para los estoicos, una vida buena y feliz es aquella que está en armonía con la naturaleza. Volveremos sobre esta idea en los próximos capítulos. Por ahora, diremos solo que este pensamiento implica vivir en armonía con el mundo natural externo (la naturaleza con mayúsculas) y con nuestra propia naturaleza, la humana. Hoy en día se nos anima a creer que las personas somos, en esencia, competitivas, egoístas, y que no miramos más que por nuestro provecho. La visión que los estoicos tienen de la naturaleza humana es bastante diferente, más optimista. Creen que, si a los humanos se les permite elegir, tomar sus propias decisiones, entonces, de un modo natural, maduran, se convierten en adultos, racionales y virtuosos. Somos, por naturaleza, animales razonables y decentes. Muchas son las cosas que pueden interferir en nuestro desarrollo, que pueden interrumpirlo. Por supuesto. Y cuando esto sucede, nos vemos viviendo una vida que no está en sintonía con nuestras inclinaciones más profundas. Nos convertimos en seres infelices.

Es entonces cuando un filósofo-médico puede ofrecernos remedios que nos devuelvan a la senda adecuada. Uno de esos remedios es volver a conectarnos con lo que significa realmente ser humanos y con el modo de vivir que ilumina ese conocimiento. Para ello, lo primero será prestar atención a cómo se encuentran nuestras almas, tal como Sócrates les pedía a sus conciudadanos. Es decir, nuestras creencias, juicios y valores. La primera lección es, pues, que si bien hay aspectos externos de nuestra vida que nos gustaría cambiar, debemos prestar atención también a cómo pensamos.

2

¿Qué eres capaz de controlar?

¿Qué aspectos de tu vida eres capaz de controlar? ¿Puedes acaso escoger cuándo estar enfermo y cuándo no? ¿Decidir no tener un accidente? ¿Librar de la muerte a tus seres queridos? ¿Elegir de quién te enamoras y quién se enamora de ti? ¿Asegurar que tendrás éxito en la vida? ¿Hasta qué punto eres capaz de controlar estas cosas? Podrías influir en ellas de varias maneras, pero ¿puedes hacer que te sean favorables? Preguntas como estas son las que inquietaban a los estoicos.

El *Manual de vida*, de Epicteto, se abre con una clasificación contundente de lo que «depende» de nosotros y lo que no. Lo que podemos controlar —aquello sobre lo que tenemos poder— son nuestros juicios, impulsos y deseos. Prácticamente todo lo demás, según Epicteto, escapa a nuestro control: nuestros cuerpos, nuestras posesiones materiales, nuestra reputación, nuestro éxito en el mundo, etcétera. La mayor parte de la infelicidad que experimentamos, prosigue el filósofo, se debe a un error de juicio, a la creencia de que controlamos cosas que, en realidad, se nos escapan.

A primera vista, parece que estamos estableciendo una división entre lo interno y lo externo; que podemos controlar nuestra mente, pero no lo que nos rodea. O que distinguimos entre lo mental y lo físico, esto es, que podemos controlar nuestros pensamientos, pero no las cosas materiales, como los cuerpos y las posesiones. Ninguna de estas dos interpretaciones es cierta, aunque las dos encierran algo de verdad. Epicteto no afirma que tengamos control sobre todas las cosas internas o todos nuestros pensamientos, sino solo sobre ciertos actos mentales. Para ser más precisos, piensa que podemos controlar únicamente nuestros juicios y todo lo que se deriva de ellos. Nuestra mente, por lo demás, es incontrolable; no elegimos nuestras sensaciones y recuerdos, y no tenemos la capacidad de encender y apagar nuestras emociones (ya volveremos sobre estas en el próximo capítulo). Solo podemos controlar completamente nuestros juicios, es decir, lo que pensamos sobre lo que nos sucede.

Ahora bien, nuestros juicios son muy importantes porque, entre otras cosas, determinan nuestro modo de actuar; controlan, tal como afirmaba Epicteto, nuestros deseos e impulsos. Vemos algo, juzgamos que ese algo es bueno, ese juicio genera el deseo de ese algo, y ese deseo, el impulso de ir tras ello. Esta búsqueda será más o menos ardua y larga dependiendo de la naturaleza de lo que se persiga —una carrera de ensueño, una casa lujosa— y podrá tener un alto coste para nosotros y para los demás. Pero todo el proceso empieza con un simple juicio.

Los juicios son, pues, fundamentales y, para nuestra desgracia, los descuidamos, aunque solemos juzgar tan rápidamente que ni siquiera nos damos cuenta de ello. Juzgamos con tanto apresuramiento que algo es bueno, y lo hacemos tan a menudo que damos por sentado desde el principio que *es* bueno en sí mismo. Pero nada de lo externo es bueno en sí, solo es materia en movimiento. Lo único genuinamente bueno es un carácter virtuoso. El emperador romano Marco Aurelio, que leyó con avidez a Epicteto, trataba de no perder de vista esto tomándose un tiempo para reparar en la materialidad, en la naturaleza física de las cosas aparentemente deseables antes de juzgarlas; una buena comida no es más que el cadáver de un cerdo o de un pez. Asimismo, un aparato caro o un coche lujoso no son más que un amasijo de metal y plástico. Todo el valor que este tipo de cosas parecen tener solo es el que les atribuimos con nuestros juicios. En sí mismas no valen nada.

Y nosotros, según Epicteto, podemos controlar del todo nuestros juicios. Con un poco de reflexión y cierta práctica, podemos superar pronto la tendencia a juzgar sin pensar. Si lo hacemos —si nos convertimos en dueños de nuestros propios juicios—, tendremos el control sobre nuestras vidas. Decidiremos qué es lo importante y qué no lo es, qué desear y cómo actuar. Nuestra felicidad dependerá por completo de nosotros. A simple vista, Epicteto parece afirmar que no tenemos control sobre casi nada, pero, en realidad, lo que dice es que todo lo que realmente importa para nuestro bienestar está en nuestras manos.

¿Qué pasa con el resto de las cosas que, según él, no podemos controlar pero que nos inquietan y exigen nuestra atención: nuestros cuerpos, nuestras posesiones, la reputación y el éxito en la vida? Para los estoicos, como hemos visto, nada de eso tiene en sí valor. En el punto de vista de Epicteto, sin embargo, hay un matiz ligeramente distinto: puedes creer que esas cosas *son* buenas, no importa, porque lo cierto es que no puedes controlarlas. Si haces que tu felicidad dependa de cualquiera de ellas, la pondrás en manos de fuerzas que no dependen de ti. Si tu idea del bienestar está ligada a cosas como una relación romántica, una ambición profesional, las posesiones materiales o el aspecto físico, serán otros factores, y otras personas, los que manejen a su capricho tu felicidad. Y eso no es muy recomendable. Si crees que *tienes* control sobre cosas que en realidad no controlas, la frustración y el desengaño están casi garantizados.

Cabe señalar aquí que Epicteto no insinúa que debamos dar la espalda al mundo. Que no podamos controlarlo no significa que debamos ignorarlo. Se trata solo de mantener con respecto a él la actitud adecuada. En su *Manual* nos propone que vivamos nuestra vida como si fuésemos actores de una obra de teatro. No hemos elegido nuestro papel, no decidimos lo que ocurre y no controlamos la duración. Pero, más que luchar contra estos factores que no controlamos, nuestra tarea es representar nuestro papel del mejor modo posible.

Esto hay que matizarlo, claro. Todos desempeñamos varios papeles. Y algunos de ellos podemos cambiarlos si lo deseamos: nadie está insinuando que sea obligatorio quedarse estancado en un trabajo miserable o en una relación infeliz. Pero hay otras cosas, mucho más entrelazadas con la condición humana, sobre las que no tenemos poder. Ninguno de nosotros ha escogido su nacionalidad, su género, su edad, su color de piel o su orientación sexual. Todos estos aspectos, sin embargo, influyen de un modo determinante en nuestras vidas.

Es asimismo importante recordar que podemos controlar nuestros actos, pero no los resultados que acarrean. Las cosas no siempre salen como nos gustaría o como pretendemos que salgan. A veces porque no lo hacemos todo lo bien que podríamos y a veces a causa de otros factores que no dependen de nosotros. Antípatro, un estoico anterior a Epicteto, comparaba esto con el tiro con arco: hasta un arquero experto yerra a veces porque el viento desvía la flecha. Nada puede hacer para evitarlo. Lo mismo ocurre con la medicina: no importa cuán bueno sea el doctor, ya que algunos factores que no controla pueden impedirle salvar al paciente. Los estoicos piensan que todo en la vida es así. Podemos esforzarnos, actuar de la mejor manera posible, pero nunca podremos controlar del todo el resultado. Si hacemos que nuestra felicidad dependa de lograr un objetivo, corremos el riesgo de desilusionarnos continuamente, pero si nos contentamos con hacer las cosas del mejor modo posible, entonces nada se interpondrá en nuestro camino.

En lo que respecta a los acontecimientos externos, incluidos los resultados de nuestras propias acciones, lo único que podemos hacer es dejarnos llevar por la corriente. Aceptar lo que sucede, ir de su mano, más que luchar contra ello. Marco Aurelio no deja de repetirse en sus *Meditaciones* que la naturaleza es un continuo proceso de cambio, que nada es estable y nada podemos hacer al respecto, sino aceptar lo que sucede y centrar nuestros esfuerzos en aquello que sí está bajo nuestro control.

Epicteto insiste mucho en la necesidad de centrarse en esto, en lo que está bajo nuestro control, de olvidar lo que se nos escapa y dirigir toda nuestra atención a nuestros juicios. Así mejorará nuestro carácter, el único modo de alcanzar eso que Zenón llamaba «el plácido fluir de la vida». Pero no hay que bajar la guardia, porque si dejamos de prestar atención a nuestros juicios, aunque solo sea un momento, corremos el riesgo de volver a caer en los malos hábitos. Epicteto compara esto con un marinero que gobierna un barco.

Para el marinero es más fácil naufragar que mantenerse a salvo navegando; todo lo que ha de hacer es ir en contra del viento: el desastre será inmediato. En realidad, ni siquiera tiene que hacerlo por su propia voluntad: una breve distracción producirá el mismo resultado.

Si nos descuidamos lo más mínimo, perderemos todo lo que hayamos conseguido. De modo que debemos dedicar unos instantes a reflexionar sobre los acontecimientos de cada día. Marco Aurelio practicaba la reflexión al despertarse. Así se preparaba para afrontar el nuevo día, considerando todos los desafíos que a buen seguro tendría que afrontar y buscando el mejor modo de manejarlos. También Séneca lo hacía, pero al anochecer, y reflexionando sobre lo ya acontecido; pensaba en qué había hecho bien y en qué se había equivocado, dónde había fallado su atención y cómo podría hacerlo mejor al día siguiente. Epicteto iba incluso más lejos: como el marinero que gobierna el barco, es esencial que no perdamos la concentración en ningún instante, que estemos preparados para cualquier cosa que pueda sucedernos. Debemos tener siempre a mano nuestros principios filosóficos o, de lo contrario, volveremos a juzgar erróneamente. He aquí la filosofía entendida como una práctica diaria, como un modo de vivir.

3

El problema de las emociones

Arriano da cuenta de un encuentro que ilustra con más detalle este interés en el control. Se produjo entre Epicteto y un hombre que fue a verle a su escuela en Nicópolis. El visitante acudió porque no sabía qué hacer con un hermano suyo que estaba muy enfadado con él. ¿Y qué se puede hacer ante algo así? La respuesta, típica de Epicteto, directa, sin rodeos, es: «Nada; no se puede hacer nada». No tenemos control sobre las emociones* ajenas; pertenecen a la categoría de las cosas que no dependen

---

* Los textos estoicos, como los de muchas otras filosofías antiguas y no tan antiguas, hablan de «pasiones», no de «emociones». A pesar de que este último término a veces se queda corto —la envidia o el amor son, en nuestro idioma, algo más que meras emociones—, en la gran mayoría de los casos —también en el título del capítulo— se ha respetado el original «emoción» o «emociones» porque al utilizar estas palabras el autor actualiza las enseñanzas estoicas y se las transmite con mayor eficacia al lector de hoy. También porque «emoción», del latín *emovere* («hacer mover», «trasladar»), tiene una connotación activa, de impulso, que subraya más la irreflexión a la que los estoicos tratan de poner remedio. *(N. del T.)*

de nosotros. El único que puede influir sobre la ira del hermano es el hermano mismo. Pero Epicteto no se detiene aquí. Se centra de inmediato en lo que *sí* puede controlar el visitante, esto es: su reacción ante la ira de su hermano. Epicteto le indica que el verdadero problema es la molestia que la ira de su hermano provoca en él, un problema que, afortunadamente, el visitante puede solucionar por sí mismo. Ha formulado un juicio acerca de la ira de su hermano y ese juicio ha generado una emoción que es la que le amarga. El problema no radica, pues, en el hermano, sino en quien se queja de él.

Esta anécdota muestra cómo las emociones, tanto las ajenas como las propias, conforman y colorean nuestras interacciones con el prójimo. La palabra «estoico», en el inglés actual, se refiere a alguien impasible, es decir, indiferente a las pasiones, y tiene una connotación negativa. Hoy en día las emociones se ven, sobre todo, como algo bueno; el amor, la compasión y la empatía gozan, desde luego, de una gran popularidad en todo el mundo. Pero son otras las pasiones que protagonizan esta historia —la ira, el rencor, la impaciencia—, y son mucho menos atractivas. Cuando los antiguos estoicos aconsejaban a la gente que evitara las pasiones, pensaban sobre todo en estas, las negativas.

El enfoque estoico del problema de las pasiones es, a simple vista, muy fácil de entender, pero hay que matizar bastante algunos aspectos para llegar a aprehenderlo plenamente. El aserto central es este: nuestras emociones son el producto de nuestros juicios, de lo que se sigue que podemos controlarlas por completo y que somos responsables de ellas. Al visitante de más arriba le molestaba la ira de su hermano a causa de su actitud hacia ella. Basta con verla de un modo diferente para que la desazón desaparezca. Los estoicos no afirman —y esto es muy importante— que uno deba negar o reprimir sus emociones; lo que dicen es, más bien, que debemos intentar no darles un lugar prioritario. Tampoco creen que baste con chasquear los dedos para que una emoción desaparezca. No es tan fácil como decir «Voy a pensar en otra cosa» para que la ira o la aflicción se esfumen.

Crisipo comparaba el hecho de estar bajo los efectos de una emoción con correr demasiado deprisa. Una vez que se ha cogido cierta cantidad de impulso, no es fácil detenerse. El movimiento está fuera de control, algo muy parecido a lo que ocurre cuando somos presa de una pasión. De modo que uno no puede librarse a voluntad de una emoción indeseada; lo que puede hacer es intentar que la próxima no alcance el impulso a partir del cual escapa a su control.

Esto se ve muy claramente en el caso de la ira. Cuando alguien se enfada, cuando se enfada de verdad, la emoción lo ofusca y es imposible razonar con él. Alguien que llegó a conocer en profundidad las pasiones negativas fue Lucio Anneo Séneca, nacido en Hispania. Su carrera como consejero en las altas esferas de la corte imperial romana lo empujó a verse envuelto en enfrentamientos con gente poseída por emociones destructivas. Gente que en algunos casos, como en el de los emperadores Calígula, Claudio y Nerón, tenía el poder de decidir sobre la vida y la muerte de un número incontable de personas, entre las que se encontraba el propio Séneca. Calígula estaba tan celoso de los dones de Séneca que ordenó su muerte, aunque se retractó a raíz del consejo de alguien muy cercano, que le informó sobre la pésima salud del filósofo.

En su ensayo *Sobre la ira*, Séneca dice de emociones como la ira y los celos que son enajenaciones mentales transitorias. Basándose en la imagen de Crisipo, la de quien corre tan rápido que ya no puede detenerse, compara la cólera con alguien que cae sin ningún control al suelo tras haber sido arrojado desde lo alto de un edificio. Cuando la ira, afirma, se apodera de una persona, gobierna su mente. Y esta es la pérdida de control contra la que advierten los estoicos. Andar de vez en cuando molesto por algo forma parte de la vida y apenas causa daño. Estar tan furioso que ya no se pueda resistir el impulso de golpear a alguien es otro cantar, y esto es lo que los estoicos desean impedir.

Séneca insiste en que no necesitamos la ira para responder a lo que nos perjudica a nosotros o a nuestros allegados. Siempre es mejor actuar con calma, movidos por la lealtad, el deber o la justicia que por la rabia y el deseo de venganza. Aunque la cólera parezca servirnos a veces de acicate para luchar contra las ofensas, es mucho mejor, según Séneca, hacerlo a la luz de las virtudes de la justicia y la valentía.

La ira, como todas las emociones, es el producto de un juicio mental, lo cual significa que podemos controlarla o, al menos, intentar que no vuelva a apoderarse de nosotros en un futuro, ya que, una vez formulado el juicio, la ira tarda bien poco en convertirse en algo tangible, físico. Séneca la describe como una dolencia inflamatoria del cuerpo. No sabemos qué es exactamente la emoción en sí, pero conocemos sus síntomas físicos: una aceleración del pulso, un aumento de la temperatura, palpitaciones, sudores, etcétera. Cuando todo esto entra en juego, nada podemos hacer salvo esperar.

Los estoicos, al contrario de lo que se cree, no insinúan que podamos o debamos convertirnos en bloques de piedra. Todos nosotros experimentamos eso que Séneca llama «primeros impulsos». Se producen cuando alguna experiencia nos afecta y nos ponemos nerviosos, nos quedamos conmocionados, nos ilusionamos, nos asustamos o incluso lloramos. Estas reacciones son muy naturales, respuestas fisiológicas del cuerpo, pero no emociones en el sentido estoico de la palabra. Alguien que está molesto y, por un instante, se plantea vengarse, pero no pasa de ahí, no es presa de la ira, según Séneca, puesto que aún puede controlarse. Asustarse unos instantes por algo, pero permanecer firme, no es tampoco tener miedo. Para que estos «primeros impulsos» se conviertan en pasiones propiamente dichas se necesita que una mente determine, mediante un juicio, que algo terrible ha sucedido y decida, en consecuencia, pasar a la acción. En palabras del filósofo: «¿Puede dudarse de que el miedo impulsa a huir y la ira a arremeter?».

El proceso pasa por tres fases, señala Séneca: la primera, un primer impulso involuntario, es decir, una reacción fisiológica natural que escapa a nuestro control; la segunda, un juicio —que sí está bajo nuestro control— como respuesta a la experiencia; la tercera, una emoción que, una vez nacida, no podemos controlar. Cuando la emoción aparece, no podemos hacer nada sino esperar a que su fuerza amaine.

¿Por qué formulamos los juicios que generan estas emociones dañinas? Si piensas que alguien te ha herido, parece del todo natural enfurecerte con él. Séneca dice que la ira es la consecuencia de la sensación de haber sido herido. Lo que debemos cuestionar, por tanto, es la impresión de que esa herida ha llegado a producirse, ya que dicha impresión contiene, en sí, un juicio. Epicteto lo sintetiza así:

> Recuerda: para que te hagan daño no basta con que te golpeen o insulten, debes creer que te han dañado. Si alguien consigue provocarte, date cuenta de que tu mente es cómplice de la provocación.

Por eso, prosigue, es importante no reaccionar impulsivamente a lo que nos ocurre. Es fundamental detenerse y dedicar unos instantes a reflexionar sobre lo ocurrido antes de juzgarlo. Si alguien te critica, párate a pensar en si lo que dice es cierto o falso. Si es cierto, entonces ha señalado una falla que ahora puedes corregir. Por lo tanto, te ha hecho un bien. Si, por el contrario, lo que dice es falso, entonces es él quien está en un error y, por tanto, quien se perjudica. Los comentarios críticos en sí no te hacen ningún daño. La única forma de que *puedan* dañarte de verdad, seriamente, es que *tú* te dejes arrastrar por la provocación y que la ira se adueñe de ti.

Séneca se centró en las pasiones negativas y destructivas. Sin embargo, hay otras, benéficas, sin las que no queremos vivir. Una de ellas es el amor, tanto el paterno —el que se siente hacia un hijo— como el romántico —entre dos adultos—. ¿Insinúan acaso los estoicos que también debemos eliminarlos?

No. Para ellos, el amor de un padre por su hijo no es una emoción irracional que deba evitarse, sino un instinto natural más o menos universal. Tendemos por naturaleza a cuidar de nosotros, vamos en pos de todo lo que necesitamos para vivir y evitamos aquello que nos perjudica. Este instinto de autoconservación se extiende a todos nuestros semejantes: a los miembros de nuestra familia en primer lugar, pero, idealmente, al resto de nuestro prójimo. En lo que respecta al amor romántico, podría decirse que una relación saludable es aquella que se basa en la necesidad natural de compañía y de procrear, y una tóxica la que se basa en emociones negativas como los impulsos posesivos y los celos. No, los estoicos no pretendían, de ningún modo, que la gente se convirtiera en bloques de piedra impasibles.

Así que seguiremos reaccionando como siempre a lo que nos suceda: dando un respingo, estremeciéndonos, asustándonos momentáneamente, avergonzándonos o entregándonos al llanto. Seguiremos también manteniendo vínculos afectivos fuertes y preocupándonos por los nuestros. Pero no alimentaremos las pasiones negativas, las emociones como la ira, el rencor, la amargura, los celos, la obsesión, el miedo incesante o el apego excesivo. Estas son las cosas que pueden arruinar una vida, las que, según los estoicos, es recomendable evitar.

4

Lidiar con la adversidad

A veces la desgracia nos golpea. Es parte de la vida. Y aunque estemos dispuestos a aceptar la lección de Epicteto acerca de lo que escapa a nuestro control, no lograremos atenuar el golpe. Puedo aceptar que solo tengo control sobre mis juicios, que no puedo decidir no caer enfermo, pero eso no me hará dejar de creer que mi enfermedad es algo malo, malo de verdad, una adversidad en toda regla.

Para los estoicos romanos la vida está repleta de adversidades, de altibajos, y uno de los deberes fundamentales de la filosofía es ayudar a la gente a sortearlos. Nadie fue más consciente de esto que Séneca, cuya vida distó bastante del ideal de calma y serenidad al que aspiraba. Durante el agitado siglo I de nuestra era, Séneca tuvo que vérselas con la muerte de su hijo, con un destierro en Córcega que consumió casi diez años de su vida y del que fue exonerado (pero solo a cambio de aceptar ser el tutor del joven Nerón), con una carrera como consejero de este último de la que no le fue nada fácil librarse, con la muerte de un amigo íntimo y, como corolario, con su suicidio forzoso. Nerón ordenó la muerte de su antiguo tutor acusándolo de conspirar contra él. La esposa de Séneca insistió en compartir con este su destino y ambos se abrieron las venas. Pero la muerte se resistía a llegar. Su esposa, Paulina, sobrevivió, y a él le dieron de beber cicuta y, finalmente, un baño de vapor para rematarlo. No, su vida no fue lo que se dice una tranquila «existencia filosófica».

Sus consideraciones sobre el modo de afrontar la adversidad se encuentran en su ensayo *Sobre la providencia*. Séneca lo escribió cuando aún era joven, alrededor de los cuarenta años, bastante antes de que le ocurrieran las desgracias antes mencionadas. Nerón acababa de nacer y a él aún no lo habían condenado al destierro. Pero por esa época murió su padre y él cayó en desgracia en la corte del emperador Calígula, que, como ya se ha dicho, le perdonó la vida en vista de su mala salud. La enfermedad, la amenaza de muerte, el duelo por la pérdida de un ser querido… ¡Y aún no había empezado lo peor! A Séneca se lo tacha a veces de hipócrita, de privilegiado, de miembro de la élite que nadaba en la abundancia y que tuvo la desfachatez de ensalzar las bondades de la vida sencilla. Y fue, en muchos sentidos, afortunado. Gozó de oportunidades con las que la inmensa mayoría de sus contemporáneos ni siquiera soñaba, pero también le tocó en suerte su parte de adversidad y pasó mucho tiempo pensando en el modo de lidiar con ella.

Su ensayo se centra en la cuestión de por qué sufrimos tanto. Séneca la aborda desde ángulos distintos. En primer lugar, insiste en que lo que nos ocurre no puede ser malo, dado que los acontecimientos externos no son en sí mismos malos ni buenos. Quien no olvide esto, quien lo tenga siempre presente y no se dedique a juzgar a toda prisa, aceptará lo que venga tal como es, sin creer que algo terrible le ha sucedido.

Pero Séneca va más lejos aún. No solo cree que no debemos tomar por una desgracia lo que solo lo parece, sino que piensa que debemos acogerla como algo beneficioso. Para los buenos, dice, la adversidad es un entrenamiento. Séneca traza una analogía con un luchador que se beneficia de enfrentarse a rivales duros y que se atrofia y pierde sus habilidades si los desafíos a los que se enfrenta son de poca monta. El luchador solo pone a prueba su habilidad cuando pelea con un verdadero adversario, y un combate difícil no es más que un entrenamiento para desarrollar sus capacidades. Las adversidades de la vida funcionan de un modo parecido; nos permiten desplegar nuestras virtudes y las curten para que mejoremos. Si lo vemos así, estaremos encantados de recibir la adversidad cuando se presente.

Séneca también traza una analogía con los soldados, echando mano para ello de un buen número de ejemplos históricos. Igual que un general solo enviará a sus mejores soldados a las batallas más difíciles, la divinidad envía sus desafíos más duros a los individuos más dignos de ellos. Experimentar la adversidad es un indicio, pues, de tener un carácter virtuoso.

El exceso de buena fortuna, en cambio, es realmente dañino. ¿Cuándo nos vamos a poner a prueba si nunca experimentamos dificultades? ¿Cómo vamos a desarrollar las virtudes de la paciencia, el coraje o la resistencia si todo marcha siempre bien? No hay peor suerte, dice Séneca, que el lujo y la riqueza inagotables, que nos convierten en seres perezosos, autocomplacientes, ingratos e insaciables. ¡Y eso sí que es una auténtica desgracia! Por el contrario, cualquier adversidad que la vida nos traiga será siempre una oportunidad de aprender algo de nosotros mismos y de mejorar nuestro carácter.

A primera vista, todo esto parece depender de si uno cree o no en la divina providencia. La gente que tiene este tipo de creencias puede sacar mucho provecho de lo que dice Séneca. Pero ¿qué pasa con los que no las tienen? Si uno no cree en un dios riguroso pero benévolo, ¿tienen algún sentido estas enseñanzas o no son más que palabrería? Podríamos preguntarnos también si el propio Séneca creía en un dios así. Cuando escribió su ensayo, en el año 30 de nuestra era, el cristianismo apenas había echado a andar. Y aunque en la Edad Media circuló un epistolario entre Séneca y san Pablo, hoy en día nadie duda de su falsedad, y se considera muy improbable que el filósofo romano tuviese noticia de la recién nacida religión. Su dios es el de los estoicos, el que se identifica con el principio racional que anima la naturaleza; no una persona sino, más bien, un principio físico que es la causa del orden y la organización del mundo natural (volveremos sobre esto en el próximo capítulo). Cuando Séneca habla de «la voluntad de dios» se refiere, pues, a este principio de organización que los estoicos identificaban con el destino y que era, tal como Cicerón afirmaba, un destino dependiente de las leyes de la física y no una superstición.

¿Hasta qué punto, teniendo en cuenta esto, debemos interpretar al pie de la letra esta concepción senequista de un padre riguroso que nos pone a prueba? Sin entrar a debatir sobre las creencias teológicas del propio Séneca, hay un modo de abordar su concepción de la adversidad independiente de lo que uno crea o deje de creer en materia religiosa. Tanto si uno cree en una divinidad benevolente como en el orden panteísta o en el caos, depende enteramente de nosotros interpretar lo que nos ocurre como un desastre o como una oportunidad. Que te despidan del trabajo, ¿es una calamidad o una ocasión para emprender algo nuevo? Aunque cosas como esta, sin duda, son un desafío —nadie pretende fingir lo contrario y hacer como si se pudieran ignorar las consecuencias prácticas de algo así—, uno puede elegir verlas *como* un golpe terrible o *como* un acicate. Depende enteramente de nosotros. Se pueden apreciar sobre este asunto algunas diferencias entre Séneca y Epicteto. Mientras que el primero nos propone que veamos lo malo como algo, en verdad, bueno (o al menos beneficioso), el segundo nos aconseja prestar la menor atención posible a tales cosas y enfocar todas nuestras energías en nuestros propios juicios.

Séneca conocía demasiado bien, de primera mano, la adversidad. Sin duda, su intento de extraer lecciones positivas de sus experiencias fue algo que le ayudó a salir adelante en circunstancias muy complicadas. Como le escribió a su madre, Helvia, cuando estaba aún desterrado en Córcega: «La asiduidad del infortunio tiene algo bueno, y es que, atormentando sin descanso, concluye por endurecer». A tenor del lenguaje que utiliza en *Sobre la providencia*, podría parecer que se deleita con la lucha y que está dispuesto a recibir con los brazos abiertos el próximo embate por lo mucho que este puede beneficiarle. Pero en una de sus cartas a su amigo Lucilio esgrime un tono muy diferente:

> No estoy de acuerdo con esos que se lanzan en medio del oleaje y que, dando por buena una vida agitada, se enfrentan cada día con gran empeño a las dificultades. El sabio soportará esta forma de vida, no la escogerá, y preferirá hallarse en paz antes que en lucha.

Nadie en su sano juicio va en busca de la adversidad, por muy útiles que puedan ser las lecciones que saquemos de ella. Pero desarrollar nuestra capacidad de hacerle frente cuando se presente —porque se presentará, seguro— solo puede ser ventajoso para nosotros. A aquellos que no la esperan les golpea de lleno, viene a decir Séneca en la carta a su madre, pero quienes están preparados para enfrentarse a ella podrán superarla con mucha más facilidad. Esta misma idea la desarrolla en otra de sus consolaciones, la dirigida a Marcia, una amiga sumida en la pena, incapaz de superar su duelo tras perder, tres años atrás, a su hijo. El tiempo natural del luto ya había pasado y la aflicción se había convertido en un hábito mental dañino y enervante. Era el momento de intervenir.

La parte más interesante de la respuesta de Séneca a la situación de su amiga es aquella en que le habla de la previsión de los males futuros. Algunos estoicos antiguos, como Crisipo, defendían esta práctica que consiste en reflexionar sobre las posibles desgracias y representárselas: así se estará mejor preparado para afrontarlas si llegan a suceder. El problema de Marcia, indica Séneca, es que nunca había reflexionado adecuadamente sobre la posibilidad de que su hijo muriera, a pesar de saber que todos estamos destinados a la muerte desde el mismo momento en que venimos al mundo. Es un hecho, no una mera probabilidad; *todos* hemos de morir.

Nos afligimos tanto, prosigue Séneca, porque no queremos pensar en ello, preverlo. Todo el tiempo vemos cómo la muerte y la desgracia afectan a los demás —especialmente en nuestra época hiperconectada—, pero casi nunca nos paramos a pensar en cómo responderíamos nosotros ante las mismas circunstancias. Séneca le dice a Marcia —y a nosotros— unas cuantas cosas que preferiríamos no oír: todos somos vulnerables; nuestros seres queridos morirán (nadie puede impedirlo y, además, podría suceder en cualquier momento); la prosperidad y la seguridad que creemos haber conseguido nos las pueden arrebatar de un plumazo fuerzas que escapan a nuestro control; incluso cuando creemos que las cosas se han puesto realmente feas, pueden empeorar. ¿Hasta qué punto estamos preparados para salir adelante si la fortuna nos da la espalda? ¿Reaccionaríamos con la misma calma e indiferencia con que nos tomamos a veces las noticias sobre las desgracias que les suceden a personas extrañas en países lejanos? En tales casos, nos limitamos a reconocer que el sufrimiento forma parte de la vida, que es algo lamentable, sí, pero inevitable. Y es que es muy fácil comportarse «filosóficamente» cuando el infortunio no se ceba en nosotros ni en nuestros seres queridos, pero ¿qué pasa cuando sí lo hace?

Es de todo punto ilógico, dice Séneca, pensar en la desgracia en términos de «eso no va a pasarme a mí», sobre todo cuando uno sabe bien que podría pasarle y cuando ha visto que les ha pasado a muchos otros. ¿Por qué no a ti, entonces? En lo que respecta a la aflicción por la pérdida de un ser querido, el asunto es todavía más ilógico, dado que todo lo que vive ha de morir. Ha de ocurrir en algún momento, así que ¿por qué no ahora mismo? Es irracional esperar que la suerte dure para siempre. Séneca piensa que reflexionar sobre las adversidades que *podrían* sucedernos junto con las que, en algún momento, *inevitablemente* nos sucederán, ayuda a encajar mejor el golpe cuando este se produce, nos ayuda a sobreponernos y a salir adelante. Lo que Séneca, en efecto, trata de hacer es advertirnos: debemos estar preparados para cualquier cosa que nos suceda, incluida la que desearíamos que no ocurriera o aquella en la que preferimos no pensar. No debemos dar por hecho que todo saldrá tal como esperamos, porque es muy improbable que así sea. Es una lección incómoda, sí, pero importante.

5

Nuestro lugar en la naturaleza

Comparada con la de Séneca, la vida de Marco Aurelio transcurrió más o menos sin contratiempos. Su padre murió cuando él era muy joven aún, pero la familia imperial lo adoptó en su adolescencia y terminó convirtiéndose en emperador en el 161 de nuestra era, un mes antes de cumplir cuarenta años. Permaneció en el cargo hasta su muerte, acaecida en el 180. Su reinado se considera uno de los mejores periodos de la historia imperial de Roma, aunque él pasase casi todo el tiempo batallando en la periferia del imperio con el fin de apuntalar sus fronteras. Hacia el final de su vida, mientras se encontraba guerreando en Germania, cerca de la actual Viena, Marco Aurelio empezó a registrar en un cuaderno sus intentos de asimilar las experiencias cotidianas y de prepararse para las futuras.

Desde que se imprimieron por primera vez, a finales del siglo XVI, sus *Meditaciones* han contado con innumerables lectores, desde Federico el Grande hasta Bill Clinton. Pero no solo han servido de ayuda a grandes líderes, como Marco Aurelio, abrumados por el peso de su responsabilidad. Cualquiera puede hallar inspiración en este libro, como aquel joven que un día me escribió: «Tengo veintitrés años, la vida es dura y enrevesada; no sé qué quiero ser ni hacer. Las *Meditaciones* me han ayudado muchísimo». No es sino uno más de los muchos que han sacado provecho de la lectura de este libro o han salvado su vida gracias a él. Y creo que esto sucede, entre otros motivos, porque los lectores se identifican con el autor, un ser demasiado humano que tiene que vérselas con las presiones de la vida diaria, con las responsabilidades derivadas de su trabajo y con las reuniones sociales. Marco Aurelio podría muy bien haberse mostrado como un emperador romano en busca de una reputación como sabio filósofo estoico, pero lo que uno se encuentra en las *Meditaciones* no es más que un hombre a punto de entrar en la vejez, que hace todo lo que puede para sobrellevar las exigencias de la vida.

Uno de los temas transversales de las *Meditaciones* es el del destino. Esto nos retrotrae de inmediato a las inquietudes de Epicteto sobre el control. Marco había leído las *Disertaciones* en su juventud, y la influencia de estas se deja ver claramente en sus escritos. Pero mientras que Epicteto centra su atención en lo interno, en lo que podemos controlar, Marco Aurelio mira hacia fuera, contempla la inmensidad que nos supera y que se nos escapa. Una y otra vez reflexiona sobre su vida como si esta fuese un minúsculo instante en la vastedad del tiempo y su cuerpo, una mota de polvo en la vastedad del universo.

> ¿Qué pequeña parte del tiempo ilimitado y abismal se nos ha asignado a cada uno? Pues rapidísimamente se desvanece en la eternidad. ¿Y qué pequeña parte del conjunto de la sustancia, y qué ínfima también del conjunto del alma? ¿Y en qué diminuto terrón del conjunto de la Tierra te arrastras?

En otra parte Marco Aurelio imagina que contempla la Tierra desde fuera, a gran altitud, como los astronautas han hecho después, y ve lo diminuto que es cada país, lo ínfimas que son las grandes ciudades. En cuanto a sus habitantes, cuyas vidas están repletas de preocupaciones e inquietudes, no son prácticamente nada vistos así, desde una perspectiva cósmica. Desde semejante atalaya, parece como si no le importáramos gran cosa al universo. ¿Y por qué deberíamos importarle?

Pero ese no es, en rigor, el punto de vista de los estoicos. Ellos no creen que la naturaleza sea una simple masa de materia en movimiento, indiferente a todo. Recordemos que, en el capítulo anterior, Séneca hablaba de ella como si la controlase una divinidad paterna. El punto de vista oficial del estoicismo es que, en la naturaleza, existe un principio racional responsable de su orden y de su movimiento. A este principio lo llaman «Dios» (Zeus). Pero este dios no es una persona ni algo sobrenatural, sino simplemente naturaleza. La naturaleza no es ciega ni caótica, sino bella y ordenada, con sus propios ritmos y patrones. No está formada por materia muerta; es un solo organismo vivo del que todos nosotros formamos parte.

Si esto no parece concordar mucho con lo que la ciencia moderna nos dice acerca del mundo natural, echemos un vistazo a la hipótesis Gaia, propuesta por James Lovelock. Esta teoría se basa en la idea de que se comprende mejor a la Tierra si se la concibe como un único sistema vivo que incluye no solo la materia orgánica, sino también la inorgánica (las rocas y la atmósfera). Es un error intentar comprender los organismos como las plantas y los animales separándolos de todo lo demás. Esta biosfera unitaria y única se regula a sí misma y actúa, por así decir, en su propio beneficio. Lovelock la define con las siguientes palabras:

> Una entidad compleja que involucra la biosfera terrestre, la atmósfera, los océanos y la tierra; la totalidad constituye un sistema de retroalimentación, o cibernético, que busca un entorno físico y químico óptimo para la vida en el planeta.

Como todas las teorías científicas, esta se propone dar la mejor explicación posible de las evidencias de que disponemos: la de que una especie de principio organizador que forma parte de la naturaleza actúa en pro de la vida. Se lo puede enunciar con términos científicos técnicos —un sistema cibernético— o nombrar, más poéticamente, como «Gaia». La visión estoica de la naturaleza tiene mucho en común con esta teoría científica de finales del siglo XX, a la que a veces se describe con términos exclusivamente científicos, de la física, y otras con los de la teología griega. Para los estoicos, «Dios» y «Naturaleza» no son más que dos nombres diferentes de un mismo organismo vivo que abarca todas las cosas.

La naturaleza que conciben los estoicos es un organismo inteligente gobernado por el destino. Para ellos, el «destino» no es más que una cadena de causas. Al mundo natural lo gobiernan las causas y los efectos, y eso es lo que los físicos intentan describir y comprender. Para los estoicos como Marco Aurelio, aceptar el destino —o el determinismo de las causas— es fundamental. Ya no se trata solo de que ciertas cosas escapen a nuestro control, sino de que no podría ser de ningún otro modo. Puedo reconocer que no tenía control alguno sobre el resultado de cierto acontecimiento clave después de haber deseado todo el tiempo que no fuese tal como ha sido. Pero los estoicos insistirán en que no solo no estaba bajo mi control, sino que no podría haber concluido de ningún otro modo dadas las diversas causas que estaban en juego en el momento en que se produjo.

Esto empieza a sonar un poco fatalista: ¿qué podemos nosotros, insignificantes motas de polvo, contra las todopoderosas fuerzas que moldean el mundo? Pero no es así, para nada. Los estoicos no defendían ese tipo de pasividad. Nuestras acciones pueden influir, marcar la diferencia. Pueden ser, en sí mismas, causas que entran en juego y determinan el resultado de los acontecimientos. Como escribió un antiguo maestro, el destino actúa *a través de nosotros*. Nosotros mismos *contribuimos* al destino y formamos parte del inmenso mundo natural gobernado por él. Pero eso no modifica el hecho de que el resultado de un acontecimiento, dadas las causas que lo determinan, no podría haber sido diferente. Es absurdo, pues, desear que las cosas hubieran sido de otro modo. Marco Aurelio lo expresa así:

> A la naturaleza, que todo lo da y lo recobra, dice el hombre educado y respetuoso: «Dame lo que quieras, recobra lo que quieras». Y esto lo dice, no envalentonado, sino únicamente por sumisión y benevolencia con ella.

Para los estoicos, pensar sobre el destino es fundamental para remediar los efectos de la adversidad, ya que aceptar los acontecimientos desagradables supone reconocer que *tenían* que ocurrir. En cuanto hayamos comprendido que algo era inevitable, veremos que lamentarse no tiene sentido, que lo único que se consigue con ello es generar más angustia y que lo único que demostramos al hacerlo es nuestra incapacidad para entender cómo funciona el mundo.

Marco Aurelio se centra en aspectos distintos de los que ya hemos visto en Séneca. Mientras que este subraya el orden providencial que gobierna la naturaleza, a Marco Aurelio le preocupa más la inevitabilidad de los sucesos. En numerosos pasajes de sus *Meditaciones*, muestra una actitud agnóstica con respecto a si la naturaleza es un sistema racional, providencial o simplemente un cúmulo aleatorio de átomos chocando entre sí en un vacío infinito. Él no es un físico, y sus obligaciones como emperador apenas le dejan tiempo para investigar el asunto con exhaustividad. En cualquier caso, y en vista de que sus propósitos eran más bien prácticos, no importa mucho. Qué más da que la naturaleza esté regida por la divina providencia, sea un sistema cibernético de retroalimentación o puro destino ciego. Nuestra respuesta debe ser siempre la misma: aceptar lo que ocurre y responder ante ello lo mejor que podamos.

Marco Aurelio le da vueltas a esto en diversos pasajes de las *Meditaciones*, escritos en días distintos, con estados de ánimo distintos y a la luz de distintos acontecimientos de su vida. Finalmente, lo expresa con total claridad:

> La naturaleza universal emprendió la creación del mundo. Y ahora, o todo lo que sucede se produce

por consecuencia, o es irracional incluso lo más sobresaliente, objetivo hacia el cual el guía del mundo dirige su impulso propio. El recuerdo de este pensamiento te hará, en muchos aspectos, más sereno.

Esté o no la naturaleza organizada providencialmente para beneficiarnos —como afirmaba Séneca—, comprender que existe al menos algún tipo de orden y razón para lo que ocurre nos ayuda a salir adelante, piensa Marco Aurelio. Hay siempre alguna razón para lo que ocurre, incluso si esto último no es más que la consecuencia inevitable de un estado de cosas preexistente combinado con las leyes de la física.

Y hay otros aspectos del mundo físico a los que debemos prestar mucha atención en nuestro día a día, según Marco Aurelio. Vale la pena citar completo el siguiente pasaje de las *Meditaciones*:

> Adquiere un método para contemplar cómo todas las cosas se transforman, unas en otras, y sin cesar aplícate y ejercítate en este punto particular, porque nada es tan apto para infundir magnanimidad. Se ha despojado de su cuerpo y después de concluir que cuanto antes debería abandonar todas estas cosas y alejarse de los hombres, se entrega enteramente a la

justicia en las actividades que dependen de él, y a la naturaleza del conjunto universal en los demás sucesos. Qué se dirá de él, o qué se imaginará, o qué se hará contra él, no se le ocurre pensarlo. Se conforma con estas dos cosas: hacer con rectitud lo que actualmente le ocupa y amar la parte que ahora se le asigna, renunciando a toda actividad y afán. Y no quiere más que cumplir con rectitud según la ley y seguir a Dios que marcha por el recto camino.

La lección que se nos da aquí es que no somos más que naturaleza; estamos sujetos a sus poderosas fuerzas, sus movimientos nos arrastran, y no gozaremos jamás de una vida armoniosa hasta que comprendamos esto plenamente.

6

La vida y la muerte

Ninguno de nosotros sabe cuándo o cómo va a morir, pero sí que algún día todo esto que ahora sentimos se acabará. ¿Y cuántos son los que viven realmente con plena conciencia de que ha de ser así? La mayoría conocemos historias de gente que ha experimentado su propia muerte o a la que le han diagnosticado alguna enfermedad incurable. Quienes han conseguido volver del otro lado lo han hecho con un renovado amor por la vida, dispuestos a saborear cada segundo de ese tiempo extra. Quienes no hemos tenido esa experiencia olvidamos fácilmente que somos mortales y cuán exigua es la cantidad de tiempo que nos resta.

Séneca tuvo siempre muy presente, como hemos visto, que su vida podía terminar en cualquier momento, ya fuese debido a su mala salud o al arrebato de algún emperador con malas pulgas. Esto le llevó a reflexionar sobre el valor del tiempo y la mejor manera de emplearlo. Sorprendentemente, insistía en que todos tenemos tiempo más que de sobra, no importa lo largas o lo cortas que acaben siendo nuestras vidas; el problema es que desperdiciamos la mayor parte de él. La idea de que el tiempo es el bien más valioso puede parecer otro tópico trillado, pero parémonos a pensar de nuevo en cuántos de nosotros vivimos realmente sin perder nunca de vista esto.

En su ensayo *Sobre la brevedad de la vida*, Séneca dice que a muchos de nosotros la vida se nos acaba justo cuando estamos listos para empezar a vivirla. Y no porque sea demasiado breve; el problema es que desperdiciamos mucho tiempo. Procrastinamos, vamos en pos de cosas insignificantes o que valen muy poco, vagabundeamos sin rumbo, sin centrarnos en nada. Algunos se afanan en alcanzar el éxito para poder comprar productos de lujo que acabarán en el cubo de la basura antes de que ellos mismos mueran. Y en esto desperdician casi toda su vida. Otros se afanan para nada, se dejan llevar simplemente por las rutinas diarias sin ninguna conciencia de que el artículo más valioso que poseen, el tiempo, se les está escapando inexorablemente. Algunos tienen muy claro lo que desean hacer, pero lo posponen y retrasan, paralizados, como están, por el miedo al fracaso, sin parar de darse a sí mismos excusas que los justifiquen. Todas estas personas, dice Séneca, no viven.

La mayoría de la gente se siente viva de verdad en muy contados instantes. El resto de su vida se reduce a ver pasar el tiempo. ¿Cuál es el remedio, entonces? ¿Cómo piensa Séneca que podemos llegar a controlar nuestras vidas y a vivirlas plenamente?

Lo primero que debemos hacer es dejar de preocuparnos por lo que piensan los otros; no intentar impresionar a los demás, no perseguir sus favores para sacar algún provecho. A muchísima gente le importa demasiado lo que los otros piensan de ella, pero prestan muy poca atención a sus propios pensamientos. Sacrifican su tiempo a los demás y se dedican muy poco a sí mismos. Y, sin embargo, sostiene Séneca, es absurdo que alguien se tome tantísimas molestias para proteger su dinero y sus posesiones y regale con tanta ligereza su tiempo, que es mucho más valioso.

Debemos tener siempre presente que vamos a morir, que nuestro tiempo es limitado y que una buena parte de él se ha ido ya. Peor aún, no tenemos ni idea de cuánto nos queda. Podrías morirte hoy mismo. O mañana. Quizá te queden unas semanas, unos meses, un par de años. Nadie lo sabe. Damos por sentado con demasiada facilidad que llegaremos a los ochenta o los noventa, pero quizá no todos lo consigamos. Suponerlo no tiene fundamento alguno, pero, a pesar de ello, lo hacemos, y eso nos empuja a posponer las cosas, a dejarlas para ese porvenir que quizá no llegue nunca. Séneca se burla de aquellos que reservan sus proyectos y sus sueños para el día en que se jubilen. ¿Tan seguros están de que ese día llegará? Y, si lo hiciera, ¿tan seguros están de que la salud los acompañaría lo bastante para llevar a cabo todo eso que han estado aplazando tanto tiempo? Pero, aunque resultase bien, ¿qué sentido tiene postergar la vida para vivirla cuando la mayor parte de ella ya se ha ido?

También está la cuestión de qué objetivos merece la pena perseguir. Para muchos la meta es el éxito, en cualquiera de sus manifestaciones, ya sea con riqueza y fama, con respeto y honores, o con ascensos y altos cargos. Pero Séneca señala que la gente que alcanza todo eso raramente se siente satisfecha, puesto que el éxito conlleva una cantidad enorme de presiones y exigencias. Han conseguido todo aquello que anhelaban, pero ahora carecen de algo: de tiempo, tiempo para sí mismos, para estar en paz, para disfrutar del ocio y del retiro.

Pero no se trata ya de las exigencias que el éxito trae consigo. Es facilísimo vivir en un estado de distracción perpetua, sin hacer lo que deberíamos hacer, lo que de verdad queremos hacer, sin ni siquiera prestar atención a la mera experiencia de estar vivos. El ruido incesante, las interrupciones, las noticias, los medios de comunicación, las redes sociales: todo esto nos exige tanta atención que llegar a concentrarse por completo en algo y terminarlo se convierte en una tarea casi imposible. Como escribió Séneca: «Nada es menos propio de un hombre obsesionado que el vivir». Están, en efecto, absorbidos por su no hacer nada. Y una vez que adquieren este hábito, caen en un estado de inquietud ingobernable y son incapaces de relajarse o de concentrarse. No se dan cuenta de lo valiosa que es la vida hasta que está a punto de apagarse para siempre.

Si no afrontamos esto, afirma Séneca, lo mismo da que vivamos mil años: seguiríamos despilfarrando la mayor parte de nuestro tiempo. No se trata, por tanto, de esforzarnos para prolongar nuestras vidas lo máximo posible, basta con asegurarnos de que disfrutamos y aprovechamos de verdad cada día, sin olvidar que podría ser el último.

Aprender a vivir adecuadamente es, por paradójico que parezca, una tarea que requiere toda una vida. Los más sabios de la Antigüedad, añade Séneca, renunciaron a la búsqueda de los placeres, el dinero y el éxito para dedicarse de lleno a dicha tarea. No importa que sus respuestas hayan sido diferentes en cada caso. Séneca insiste en que, para lograrlo, es esencial reservarse tiempo para uno mismo.

> Todo el mundo acelera su vida y se esfuerza por su ansia de futuro, por su hastío del presente. Por el contrario, el que no deja ningún momento sin dedicarlo a sus intereses, el que organiza todos sus días como si fueran el último, ni ansía el mañana ni lo teme.

Esto de vivir la vida como si cada día fuese el último puede sonar un tanto truculento; puede parecer, también, que nos impide planificar el futuro. Pero Séneca, y es importante subrayarlo, no está insinuando que tratemos *realmente* de ver cada día como el último. Solo nos pide tener en cuenta que *podría* serlo. No sabemos cuándo acabará nuestra vida, y ese es el problema. Si supiéramos que nos queda un año, al menos podríamos planificar, organizar ese tiempo como es debido y asegurarnos de que ningún instante se perdiese. Pero sin ese apremio, sin esa urgencia, ¡qué fácil es desperdiciarlo todo!

Ahora que sabemos cuánto vale nuestro tiempo y que estamos dispuestos a esforzarnos por disfrutar de él y tener tranquilidad, ¿cómo lo haremos, según Séneca? Él descarta enseguida los deportes y los juegos, así como esa actividad vacacional tan popular que llama «cocerse bajo el sol». De hecho, ataca muchas de esas cosas que hoy en día solemos hacer en nuestro tiempo libre. En lugar de ello, recomienda dedicarse a la filosofía —para él la actividad más noble y digna—, es decir, a pensar, aprender, leer obras de historia y de literatura, reflexionar sobre el pasado y el presente. Lo opuesto, en fin, de ir de un lado para otro en pos del éxito mundano, que, en su opinión, solo «[se] obtiene pagando con la vida».

Con este ensayo, Séneca arremetía contra el culto a la banalidad practicado por la gente pudiente de Roma en el siglo I. Es llamativa, y por momentos aterradora, la importancia que sigue teniendo esto en la actualidad. Queremos creer que la humanidad ha evolucionado —y, con suerte, mejorado— en los últimos dos mil años, pero Séneca nos demuestra que muchos de los asuntos con los que la gente se debate hoy en día no son muy distintos de los que preocupaban a los habitantes de la Roma imperial.

Unos cincuenta años después de Séneca, Epicteto, junto con sus alumnos, reflexionaba en Nicópolis sobre la vida y la muerte. En aquellas disertaciones se refería continuamente a la vida como un don, algo que nos es dado y que, del mismo modo, se nos quita. No nos pertenece a nosotros, sino al donante, es decir, a la naturaleza. Dirigiéndose a ella, dice:

> ¿Ahora quieres que me vaya de la feria? Me voy y te doy todo mi agradecimiento porque me consideraste digno de participar en la feria contigo y de ver tus obras y de comprender tu gobierno.

La vida es una celebración, como una feria, una fiesta, y, al igual que ellas, no puede durar para siempre. Está en nuestras manos ser agradecidos con el anfitrión por lo que hemos disfrutado o lamentarnos porque tiene que acabar.

Tu vida es un don, un presente que un día tendrás que devolver. También las vidas de aquellos a quienes amas.

Nunca digas con respecto a nada: «Lo he perdido», sino: «Lo he devuelto». ¿Ha muerto tu hijo? Ha sido devuelto. ¿Ha muerto tu mujer? Ha sido devuelta.

Todo lo que tenemos, todo lo que amamos, no es más que un préstamo. Nada puede guardarse para siempre, aunque solo sea porque no estaremos aquí para siempre. Es tentador presentar esto como la trágica verdad, la agridulce certeza de la existencia humana. Pero Epicteto es más llano y más directo.

> Si quieres que tus hijos y tu mujer y tus amigos vivan siempre, eres un necio, pues quieres que dependa de ti lo que no depende, y que lo ajeno sea tuyo.

Dice también Epicteto, ateniéndose a los hechos, que, si nuestra muerte o la de algún otro fuese algo terrible, Sócrates lo habría pensado. Que los sabios más reputados se hayan enfrentado a la muerte con ecuanimidad debe hacernos reflexionar, afirma. Es nuestro juicio sobre la muerte el que nos lleva a creer que se trata de un hecho terrible. Pero podemos pensar en ella de otro modo. De hecho debemos hacerlo, según Epicteto, porque la creencia de que la muerte es terrible se basa en un error. El puro hecho de estar vivo, visto así, sin añadiduras, pertenece a la esfera de lo indiferente o, en cualquier caso, a la de lo que escapa a nuestro control.

Lo que Epicteto intenta todo el tiempo es rebajar nuestra ansiedad ante la muerte y suavizar el dolor por la pérdida de nuestros seres queridos. Pero, al igual que Séneca, quiere también que valoremos la vida que se nos ha dado. Tu vida no te pertenece; en algún momento tendrás que devolverla, de modo que disfrútala mientras dure. En las últimas páginas de su *Manual*, Epicteto la compara con los Juegos Olímpicos: el torneo está en marcha, no puedes aplazarlo, y todo depende de lo que hagas ahora, en este instante, en este día único e irrepetible.

7

Cómo vivir en comunidad

Alguien con espíritu crítico podría decir que mucho de lo que hemos visto hasta aquí no es más que puro egocentrismo y egoísmo. La división de Epicteto entre lo que podemos y no podemos controlar parece empujarnos a darle la espalda al mundo externo y a centrarnos tan solo en nuestros juicios. En una metáfora memorable, Marco Aurelio nos relata cómo se retira a su «ciudadela interior» para escapar del mundo. ¿Es este tipo de retiro, este darle de lado a todo para centrarse exclusivamente en el propio bienestar, el que defienden los estoicos?

De ninguna manera. No somos individuos aislados, sino parte de la naturaleza. Sí, los estoicos también creen, como Aristóteles, que somos, por naturaleza, animales sociales y políticos. Al nacer, nos integramos en comunidades. La primera de ellas, la familia. Pero después nuestra localidad, nuestro país y, en última instancia, la comunidad formada por todos los seres humanos. Además, ese volverse hacia dentro que propugnan los estoicos se dirige principalmente, como ya hemos visto, a cultivar la virtud y la bondad de carácter y a evitar las emociones dañinas y antisociales, como la ira. El objetivo final de esa retirada es volver al mundo convertidos en seres mejores, miembros más beneficiosos para las varias comunidades de las que formamos parte.

Es Epicteto quien más hincapié hace en que desempeñamos varios papeles comunitarios. Algunos de ellos se nos otorgan por naturaleza, dice. El papel de padres, por ejemplo, no es un constructo social; ahí tenemos a los animales cuidando de sus crías, tal como hacemos nosotros. Pero hay otras funciones ligeramente distintas, vinculadas con nuestra posición en la sociedad o con nuestros empleos. Un médico o un juez se compromete con una serie de deberes y responsabilidades derivados de la función que desempeña, y tendemos a juzgar muy severamente a quien abusa de posiciones tan importantes o las descuida. Así pues, si queremos vivir una vida buena, tenemos que ser buenos seres humanos. Ello significa abrazar nuestra naturaleza racional y social, pero también estar a la altura de los diversos papeles que desempeñamos y aceptar las responsabilidades que traen consigo.

Epicteto da un buen ejemplo de ello cuando recibe la visita, en su escuela de Nicópolis, de una personalidad importante, un magistrado al que se le supone consciente de los deberes y responsabilidades asociados a ciertos roles. El visitante también es padre. Cuando se le pregunta por su familia, responde que su hija está tan gravemente enferma que no podía soportar verla en ese estado y que se ha ido de su casa. Epicteto lo reprende por dos motivos: por su egoísmo, es decir, por estar tan obsesionado con sus sentimientos que ha descuidado los de los demás —los de su hija sobre todo—, y por desatender sus deberes como padre. El filósofo saca a relucir las incoherencias del comportamiento del magistrado, ya que a él no le habría gustado que *todo el mundo* abandonase a su suerte a su hija enferma ni que le abandonasen a él si estuviera en la misma situación. Dice que se ha ido de casa por amor a su hija cuando, como padre, es precisamente ese amor el que debería haberle impedido abandonarla. Ha fallado. No ha cumplido con su función.

Pero deberíamos también pensar con más amplitud, más allá de funciones específicas como la paternidad o la maternidad; ser conscientes de que formamos parte de una amplísima comunidad de gente, de que somos miembros de la especie humana. ¿Implica esto deberes y responsabilidades? Para los estoicos, no cabe duda de que sí. Debemos cuidar de nuestro prójimo, y, cuanto más desarrollamos nuestra racionalidad, más cerca estamos de vernos como miembros de una única comunidad humana global. Hierocles, un estoico menos conocido (apenas sabemos nada de él) que vivió también en la época imperial, esbozó en su tratado sobre ética la idea de que cada uno de nosotros es el centro de una serie de círculos que nos conciernen. El primero es el de nuestra familia; el segundo, el de nuestra localidad, y así hasta el último, el que engloba a la humanidad entera. El concepto de «cosmopolitismo», que tan moderno parece, lo inventaron los estoicos.

Y no significa —conviene señalarlo— descuidar el lugar que ocupas en tu comunidad. En un pasaje famoso, Séneca lo expresa así:

> Abracemos en nuestro espíritu dos repúblicas, una grande y verdaderamente pública, que abarca a los dioses y a los hombres, en la que no podemos fijarnos en esta o aquella esquina, sino que medimos se-

gún el sol los límites de nuestra comunidad; la otra, a la que nos asignó, por azar, nuestro nacimiento.

La clave aquí es darse cuenta de que pertenecemos a *ambas* comunidades y tenemos, por tanto, responsabilidades tanto en nuestro ámbito local como en el de toda la humanidad. También de que estas últimas trascienden las costumbres y las leyes locales. Cuando ambos tipos de responsabilidades entran en conflicto, las últimas, las que conciernen al conjunto de la humanidad, deben prevalecer, pero eso no elimina las primeras.

De hecho, los estoicos solían involucrarse en la política de la antigua Roma. En el siglo I de nuestra era, Séneca no fue, ni mucho menos, el único estoico que Nerón condenó a muerte ni el único que se enfrentó a varios emperadores. Helvidio Prisco, tribuno, pretor y miembro del Senado, fue uno de ellos. Estudió filosofía en su juventud y, al igual que a Séneca, lo sentenciaron en más de una ocasión al destierro por sus relaciones políticas y por criticar el régimen de los Flavios. Se le recuerda en particular por hacerle frente a Vespasiano, un conflicto que relata Epicteto. Cuando aquel abusó de su poder para someter al Senado, Helvidio se negó a transigir. Se le avisó de que, por su propio bien, se mantuviera apartado, pero él insistió en defender sus derechos —y, de paso, los de todos los senadores— y plantó cara al emperador. Fue ejecutado.

Helvidio estaba dispuesto a morir por sus principios políticos antes que eludir sus responsabilidades como senador y sus deberes para con su comunidad. Marco Aurelio lo citaría después, junto con otros mártires estoicos que le enseñaron a concebir «la idea de una constitución basada en la igualdad ante la ley, regida por la equidad y la libertad de expresión igual para todos, y de una realeza que honra y respeta, por encima de todo, la libertad de sus súbditos».

Además de pensar en la política convencional y en cómo desempeñar bien su papel como emperador, Marco Aurelio también se comprometió con la idea de una comunidad más amplia que abarcaba a la humanidad entera. Somos parte de una única comunidad, de un único organismo, como las ramas de un árbol, decía. Para seguir formando parte de esa fraternidad más vasta debemos llevarnos bien con el resto de sus miembros.

> Una rama cortada de la rama contigua es imposible que no haya sido cortada también del árbol entero.

De igual modo, un hombre, al quedar separado de un hombre, ha quedado excluido de la comunidad entera. En efecto, corta otro la rama; sin embargo, el hombre se separa él mismo de su vecino cuando le odia y siente aversión. E ignora que se ha cercenado al mismo tiempo de la sociedad entera.

Nadie puede ser feliz cuando se aísla y corta los lazos con los demás; eso va en contra de nuestra naturaleza de animales sociales.

Lo que hemos visto hasta ahora nos lleva a pensar que los estoicos creían en la igualdad entre todas las personas. Este asunto lo abordó otro estoico romano que aún no hemos presentado. Se llamaba Musonio Rufo. Rufo nació en Italia y enseñó filosofía en Roma durante el siglo I de nuestra era. Epicteto asistió a sus clases y lo menciona bastantes veces en las *Disertaciones*. También fueron alumnos suyos los demás estoicos que Nerón asesinó por oponerse a su despotismo.

Musonio, al igual que Séneca, sufrió a manos de varios emperadores. Tanto Nerón como Vespasiano lo mandaron al destierro en diferentes ocasiones. Durante un tiempo estuvo desterrado en la isla griega de Giaros, una tierra yerma, sin agua potable hasta que el propio Musonio tuvo la suerte de encontrar un manantial. Pero no estuvo mucho tiempo solo. Sus admiradores no tardaron en desplazarse hasta allí para verle.

Se han conservado varias lecciones suyas, recogidas, como en el caso de Epicteto, por uno de sus discípulos. En una de ellas se pregunta Musonio si las mujeres deberían estudiar filosofía. Su respuesta es que tienen exactamente la misma capacidad de razonar que los hombres y la misma inclinación natural a la virtud. Las mujeres pueden beneficiarse mucho, según Musonio, de estudiar los temas que hemos abordado en los capítulos anteriores de este libro.

Si bien hoy en día esa no parece una postura especialmente rompedora —de hecho, quizá sea un poco paternalista—, recordemos que algunos progresos que incluyen a las mujeres, como la educación o el sufragio universales, no tienen más de un siglo de antigüedad, y Musonio estaba abogando por una especie de igualdad de género hace dos milenios. Las personas, para los estoicos, son personas, todas iguales por lo que respecta a su racionalidad y su inclinación a la virtud.

Esta preocupación por la sociabilidad y la igualdad contradice el cliché de que a los estoicos les eran indiferentes los demás seres humanos. Sin embargo, esto no quiere decir que tengamos que vivir siempre junto a otras personas. Epicteto advierte contra la compañía de los otros, en especial si uno está intentando hacer cambios en su vida. Es muy difícil romper con viejos hábitos o con vicios de carácter si uno está rodeado de personas que se rigen aún por vicios y hábitos similares; si rozas a alguien cubierto de hollín, apostillaba Epicteto, te verás tú también cubierto de hollín.

Los alumnos de Epicteto en Nicópolis eran estudiantes que, como muchos universitarios de hoy, volvían a sus lugares de origen durante las vacaciones. ¿Debían frecuentar a sus antiguos amigos y compañeros de estudios al regresar a casa si lo que querían era romper con algunos aspectos de su modo de vida anterior? Si lo hacían, acabarían recayendo en los viejos hábitos, volverían a comportarse como antes para sentirse integrados. Epicteto les dice que deben ser extremadamente prudentes y les recomienda que eviten la compañía de otros en la medida de lo posible, hasta que hayan incorporado del todo los nuevos hábitos que desean desarrollar.

Pero esto no tiene por qué traducirse en un aislamiento social. Hay ciertas personas que es bueno frecuentar: las que practican la virtud, las que siguen tu misma senda, la gente que comprende y valora lo que estás intentando llevar a cabo. El alcohólico que se está rehabilitando encuentra abrigo y ánimo en su grupo de apoyo y tentación en sus antiguos compañeros de correrías. Epicteto insinúa que deberíamos pensar así durante toda nuestra vida. Deberíamos elegir con sumo cuidado nuestras compañías, ser conscientes de la influencia que podrían ejercer en nosotros, darnos cuenta de que podríamos acabar imitando inadvertidamente su modo de pensar y de actuar.

De modo que, si estás intentando desarrollar hábitos nuevos y más positivos, quizá sea mejor evitar la compañía de aquellos que encarnan todo lo que deseas dejar atrás y juntarte con personas cuyos valores compartes o admiras. Este es uno de los motivos por los que los filósofos antiguos se agrupaban en escuelas. Es probable que esta sea también la razón de que surgieran las órdenes monásticas de varias religiones del mundo, así como de que los estoicos se reunieran en la Antigüedad en lugares como la escuela de Epicteto y de que la gente que hoy en día desea aprender a vivir estoicamente ansíe conocer a compañeros de viaje, ya sea personalmente o en la red. Aunque nos advierta sobre los peligros de compartir nuestro tiempo con las personas equivocadas, Epicteto nos da también un ejemplo de que, para aprender de los estoicos, el contacto social puede ser beneficioso.

Nuestra lección final es que formamos parte, por naturaleza, de comunidades locales y globales. El error es creernos individuos aislados que pueden desentenderse del resto de la sociedad. En Roma, muchos estoicos estuvieron dispuestos a enfrentarse a los tiranos antes que renunciar a sus principios. Al hacerlo, encarnaron las virtudes de la justicia y la valentía. El estoicismo no solo no nos desaconseja que nos metamos en política, sino que nos anima a estar a la altura del activismo y el civismo más elevados.

EPÍLOGO

Muchas de las ideas que hemos abordado en este libro están perfectamente sintetizadas en un pasaje de la *Consolación* que Séneca le escribió a su madre para que dejase de lamentar la pérdida de su hijo, desterrado en Córcega, y de angustiarse por cuál podría ser la siguiente acción del emperador Claudio contra él.

La naturaleza ha hecho que para vivir bien no haya necesidad de grandes preparativos: cada cual puede hacerse feliz a sí mismo. La importancia de las circunstancias externas es poca y tal que no tiene gran influencia en ninguno de los dos sentidos: ni las favorables encumbran al sabio ni las adversas lo abaten. En efecto, siempre se ha esforzado por depender lo más posible de sí mismo, por esperar de sí mismo todas las satisfacciones.

Desde entonces, estas ideas no han dejado de resonar a través de los siglos. A Séneca se lo leyó mucho durante la Edad Media, el Renacimiento y el Siglo de las Luces; el breve *Manual* de Epicteto lo usaron los monjes como guía en el Medievo, y las *Meditaciones* de Marco Aurelio se convirtieron en un best seller en la Inglaterra victoriana y lleva más de un siglo siendo uno de los libros de filosofía más populares que se han escrito jamás. Muchas de las ideas fundamentales del estoicismo han influido en el desarrollo de ciertas ramas de la psicología cognitiva conductual, como la terapia racional emotiva conductual.

Desde 2012, unas veinte mil personas han participado en un experimento global en la red que consiste en vivir a la manera estoica durante una semana y comprobar si aumenta su bienestar. Los resultados indican que sí. Quienes han seguido el experimento durante más de un mes han sentido un beneficio incluso mayor. Al contrario de lo que sugieren todos los estereotipos, el sentimiento que más se fortalece entre quienes practican el estoicismo es el del placer, el disfrute, la energía y el entusiasmo por la vida.

Todos podemos, así lo espero, sacar provecho de pensar en los asuntos que preocuparon a los estoicos. Pero el verdadero beneficio llega solo cuando uno incorpora esas ideas a su vida cotidiana. Aquí es donde empieza de verdad el trabajo más arduo.

NOTAS

1. EL FILÓSOFO COMO MÉDICO

Epicteto se refiere a su escuela como a un hospital en *Disertaciones*, 3.23.30. Sócrates traza la analogía entre el filósofo y el médico en el diálogo *Alcibíades*, 127e-130c, de Platón, y exhorta a sus conciudadanos a cuidar de sus almas en *Apología*, 29d-30b, también de Platón. Que los bienes externos carecen de valor en sí mismos lo afirma en otra obra de Platón, *Eutidemo*, 278e-281e. Sobre la decisión de Diógenes de Sinope de vivir en un tonel y de abrazar la vida sencilla, véase Diógenes Laercio, *Vidas de los filósofos ilustres*, 6.23 y 6.37. Aristóteles diserta sobre la generosidad en la *Ética nicomaquea*, 4.1. Las opiniones de Zenón sobre los bienes externos están recogidas en Diógenes Laercio, 7.102-7.

2. ¿QUÉ ERES CAPAZ DE CONTROLAR?

La distinción de Epicteto entre las cosas que están en nuestro poder y las que no lo están la encontramos en el *Enquiridión* —*Manual*—, 1. Marco Aurelio describe los objetos desde el punto de vista puramente físico en las *Meditaciones*, 6.13. Acerca de lo de verse a sí mismo como un actor, consúltese el *Enquiridión* —el *Manual*— de Epicteto, 17. La comparación de Antípatro con el arquero se encuentra en *De los fines de los bienes y los males*, 3.22, de Cicerón, y lo que Marco Aurelio afirma sobre el universo y los cambios, en las *Meditaciones*, 2.17. La expresión de Zenón «el plácido fluir de la vida» la recoge Diógenes Laercio en 7.88. El fragmento de Epicteto que empieza con las palabras «Para el marinero es más fácil...» procede de las *Disertaciones*, 4.3.5. Sobre las reflexiones matutinas y vespertinas, véanse *Meditaciones*, 2.1 y *Sobre la ira*, 3.36.1-3. Epicteto insiste en no dejar nunca de prestar atención en *Disertaciones* 4.12.

3. EL PROBLEMA DE LAS EMOCIONES

Epicteto responde al hombre molesto por la ira de su hermano en *Disertaciones*, 1.15. La descripción de Crisipo de las emociones desbocadas la recoge Galeno en *De placitis Hippocratis et Platoni*, 4.2.15-18. El odio que Calígula sentía por Séneca se describe en Dion Casio, 59.19. Séneca habla de las emociones como de enajenaciones mentales transitorias en *Sobre la ira*, 1.1.2. Para la comparación con ser lanzado al suelo desde lo alto de un edificio véase *Sobre la ira*, 1.7.4. Sobre los primeros impulsos y lo de que «el miedo impulsa a huir», véase también, respectivamente, *Sobre la ira*, 2.2.4 y 2.3.5. El fragmento de Epicteto que dice «Recuerda, para que te hagan daño no basta…» procede del *Enquiridión*, 20.

4. LIDIAR CON LA ADVERSIDAD

La muerte de Séneca por orden de Nerón la relata Tácito en sus *Anales*, 15.60-64. Séneca habla de la adversidad como un entrenamiento en *Sobre la providencia*, 2.2; la analogía con la lucha se halla en el mismo libro, en 2.3, y la de los soldados en 4.8. Cicerón habla del destino como algo físico en *Sobre la naturaleza de la divinidad*, 1.126. Séneca escribe lo de «La asiduidad del infortunio…» en su *Consolación a Helvia*, 2.3. El pasaje de la carta de Séneca que empieza con las palabras «No estoy de acuerdo con…» procede de las *Epís-*

tolas a Lucilio, 28. Su comentario sobre estar preparados para la adversidad se encuentra en la *Consolación a Helvia*, 2.3, y reflexiona sobre esos preparativos en la *Consolación a Marcia*, 9.1-2.

5. NUESTRO LUGAR EN LA NATURALEZA

Marco Aurelio escribe lo de «Qué pequeña parte del tiempo ilimitado...» en las *Meditaciones*, 12.32. Para un ejemplo del punto de vista desde las alturas que practicaba Marco Aurelio, véase *Meditaciones*, 9.30. James Lovelock esboza su hipótesis Gaia en *Gaia. A New Look at Life on Earth*, Oxford University Press, 1979; repr. 2000 [hay trad. cast.: *Gaia. Una nueva visión de la vida sobre la Tierra*, Orbis, 1985]. La imagen del destino actuando a través de nosotros procede de *Sobre el destino*, de Alejandro de Afrodisias. Marco Aurelio escribe «A la naturaleza, que todo lo da y lo recobra...» en *Meditaciones*, 10.14, y compara la providencia con los átomos en 9.39, entre otros pasajes. «La naturaleza universal...» procede de *Meditaciones*, 7.75; «Adquiere un método...» está en el mismo libro, 10.11.

6. LA VIDA Y LA MUERTE

La cita «Nada es menos propio de un hombre obsesionado que el vivir» procede de *Sobre la brevedad de la vida*, 7.3; «Todo el mundo acelera su vida…» del mismo libro 7.8-9, y «se obtiene pagando con la vida» también del mismo libro, 20.1. La primera cita de Epicteto, «Ahora quieres que me vaya de la feria…», procede de *Disertaciones*, 3.5.10; «Nunca digas con respecto a nada…» del *Enquiridión*, 11, y «Si quieres que tus hijos y tu mujer vivan para siempre…» también del *Enquiridión*, 14.

7. CÓMO VIVIR EN COMUNIDAD

Marco Aurelio habla de retirarse a su «ciudadela interior» en *Meditaciones*, 8.48. Aristóteles describe al ser humano como un animal político en *Política*, 1.2. El relato del hombre cuya hija estaba gravemente enferma se encuentra en *Disertaciones*, 1.11. Los círculos concéntricos de Hierocles están en un fragmento de Juan Estobeo, 4.671.7-673.11. La cita de Séneca «Abracemos en nuestro espíritu…» procede de *Sobre el ocio*, 4.1. Epicteto recuerda a Helvidio Prisco en *Disertaciones*, 1.2.19-21. Marco Aurelio escribe lo de «la idea de una constitución basada en la igualdad ante la ley...» en *Meditaciones*, 1.14, y «Una rama cortada de la rama contigua...» en 11.8 del mismo libro. El destierro de Musonio Rufo está recogido en la *Vida de Apolonio*, 7.16, de Filóstrato. Musonio defiende que las mujeres estudien filosofía en sus *Diatribas*, 3 y 4. Epicteto habla del peligro de frecuentar personas con hábitos dañinos en *Disertaciones*, 3.16 y 4.2.

EPÍLOGO

El pasaje de Séneca procede de *Consolación a Helvia*, 5.1. Los lectores que tengan curiosidad por conocer la influencia que el estoicismo ha ejercido a lo largo de los siglos pueden satisfacerla en John Sellars, ed., *The Routledge Handbook of the Stoic Tradition*, Routledge, 2016.

LECTURAS ADICIONALES

Las obras de los tres estoicos romanos se encuentran disponibles en un buen número de traducciones modernas.* Las siguientes ediciones están en Penguin Classics:

EPICTETUS, *Discourses and Selected Writings*, trad. de Robert Dobbin, 2008. [Hay trad. cast.: *Disertaciones por Arriano*, Gredos, 2018.]

MARCUS AURELIUS, *Meditations*, trad. de Martin Hammond, 2006. [Hay trad. cast.: *Meditaciones*, Gredos, 2019.]

---

* Para las citas de los textos estoicos que aparecen en el libro se han utilizado las siguientes ediciones en castellano: Séneca, *Consolaciones. Diálogos. Apocolocintosis. Epístolas morales a Lucilio*, trad. de Juan Mariné Isidro e Ismael Roca Mellá, Gredos, 2018; Epicteto, *Enquiridión*, trad. de José Manuel García de la Mora, Anthropos, 1991; Epicteto, *Disertaciones por Arriano*, trad. de Paloma Ortiz García, Gredos, 2018; Marco Aurelio, *Meditaciones*, trad. de Ramón Bach Pellicer, Gredos, 2019. *(N. del T.)*

SENECA, *Dialogues and Letters*, trad. de C. D. N. Costa, 1997. [Hay trad. cast.: *Consolaciones. Diálogos. Apocolocintosis. Epístolas morales a Lucilio*, Gredos, 2018.]
—, *Letters from a Stoic*, trad. de Robin Campbell, 1969.

Y las tres siguientes en la colección Penguin Great Ideas:

EPICTETUS, *Of Human Freedom*, trad. de Robert Dobbin, 2010.
MARCUS AURELIUS, *Meditations*, trad. de Maxwell Staniforth, 2004. [Hay trad. cast.: *Meditaciones*, Taurus, 2012.]
SENECA, *On the Shortness of Life*, trad. de C. D. N. Costa, 2004.

Los lectores que deseen profundizar más en Séneca pueden encontrar sus obras completas en una traducción muy reciente:

The Complete Works of Lucius Annaeus Seneca, University of Chicago Press, 2010-2017.

Se han publicado varios libros que resaltan las maneras en que la gente podría aprovechar hoy en día las ideas estoicas. Son los siguientes:

HOLIDAY, RYAN, y STEPHEN HANSELMAN, *The Daily Stoic*, Profile, 2016.

IRVINE, WILLIAM B., *A Guide to the Good Life*, Oxford University Press, 2009. [Hay trad. cast.: *El arte de la buena vida. Un camino hacia la alegría estoica*, Paidós, 2019.]

PIGLIUCCI, MASSIMO, *How To Be a Stoic*, Rider, 2017. [Hay trad. cast.: *Cómo ser un estoico. Utilizar la filosofía antigua para vivir una vida moderna*, Ariel, 2018.]

ROBERTSON, DONALD, *Stoicism and the Art of Happiness*, Hodder & Stoughton, 2013.

Los lectores interesados en aprender más sobre los estoicos romanos pueden hacerlo en las siguientes obras:

HADOT, PIERRE, *The Inner Citadel. The Meditations of Marcus Aurelius*, Harvard University Press, 1998. [Hay trad. cast.: *La ciudadela interior*, Alpha Decay, 2013.]

LONG, A. A., *Epictetus. A Stoic and Socratic Guide to Life*, Oxford University Press, 2002.

WILSON, EMILY, *Seneca. A Life*, Allen Lane, 2015.

Los que tengan curiosidad por la filosofía estoica en general, pero especialmente por la de los primeros representantes de la escuela, los atenienses, pueden empezar con:

INWOOD, BRAD, *Stoicism. A Very Short Introduction*, Oxford University Press, 2018.
SELLARS, JOHN, *Stoicism*, 2006, repr. Routledge, 2014.

Hay muchas páginas web y otros espacios en la red dedicados al estoicismo. Solo mencionaré <www.modernstoicism.com>, dirigida por los organizadores de la «Semana estoica», el experimento anual que invita a la gente a vivir como un estoico durante una semana para comprobar cómo influye en su bienestar, y «Stoicon», un encuentro anual de gente interesada en aplicar el estoicismo a su vida cotidiana.

AGRADECIMIENTOS

En primer lugar, quisiera dar las gracias a Casiana Ionita por sugerirme que escribiera este libro, así como por sus astutos comentarios y por las refinadas correcciones que hizo de mis borradores.

Quisiera también dar las gracias a mis colaboradores en el equipo de *Modern Stoicism*: Christopher Gill, Donald Robertson, Tim LeBon y otros, tanto los que están como los que estuvieron. Es poco probable que hubiera escrito este libro sin el trabajo que todos hemos realizado en los últimos años, y que seguimos haciendo.

Por último, pero no menos importante, dedico este libro a Dawn, *sine qua non*.

ÍNDICE ALFABÉTICO

Adriano, emperador, 15
adversidades, 49-58, 67
aflicción, 39, 56, 58
aislamiento social, 93
alma, 16-18, 21, 22, 23, 63
amargura, 45
amor, 38, 44, 73, 87
Antípatro, 32
Aristóteles, 18, 85
arquero, analogía del, 32
Arriano, 11, 16, 37
   Disertaciones, 16, 63, 91
Asia menor, 10, 15
Atenas, 10
Augusto, emperador, 15

Aurelio, Marco, emperador, 9, 10, 11, 29, 33, 34, 61-63, 66-69, 85, 90, 98
   Meditaciones, 33, 62, 68-69, 98
autoconservación, 44

bueno (y malo), 17, 19-22, 29, 38, 54

Calígula, emperador, 40, 50
carácter, 17-18, 19-21, 29, 33, 52, 53, 86, 93
caridad, 19
celos, 40, 45
Chipre, 10
Cicerón, 54

cínicos, 18
ciudadela interior, 85
Claudio, emperador, 40, 97
Cleantes, 10
Clinton, Bill, 62
cólera, 9, 40, 41
compasión, 38
comunidad, 83-95
Córcega, 49, 55, 97
cosmopolitismo, 88
Crisipo, 10, 39, 40, 56
cristianismo, 53
crítica, 43-44, 89

deber, 41
destino, 50, 54, 62, 66-67, 68
dinero, 17-20, 75, 78
Diógenes de Babilonia, 10
Diógenes de Sinope, 18-19
Dios, 64, 65, 70
Domiciano, emperador, 15

emociones, 12, 28, 37-45, 86

empatía, 38
Epicteto, 9, 11, 15-16, 20, 27-34, 37, 38, 43, 49, 54, 63, 80, 81-82, 85, 86-87, 91-95
Disertaciones, 16, 63, 91
Manual de vida, 27-28, 31, 82, 98

familia, 44, 61, 85, 87
Federico el Grande, 62
felicidad, 30-31, 32
Flavios, régimen de los, 89

Gaia, hipótesis, 64-65
generosidad, 19
Germania, 61
Giaros, isla de, 91

hábitos, 33, 93-94
Helvia, madre de Séneca, 55, 56, 97
Helvidio Prisco, 89-90
Hierocles, 88
Hispania, 40

igualdad, 90, 91, 92
impaciencia, 38
indiferentes, 18-19, 92
indiferentes preferidos, 20
Inglaterra victoriana, 98
ira, 38, 39-41, 42-45, 86
Italia, 91

Juegos Olímpicos, 82
juicios, 23, 27-29, 30, 33, 39, 43, 49, 55, 85
justicia, 21, 41, 70, 95

lealtad, 41
Lovelock, James, 64, 65
lucha, analogía de la, 33, 51-52, 55
Lucilio, cartas de Séneca, 11, 55

Marcia, amiga de Séneca, 56, 57
marinero, analogía del, 33-34
materialidad, 29
miedo, 9, 42, 45

muerte, 27, 40, 49-50, 56-57, 61, 73, 80-81
mujeres, 92

naturaleza, 53, 64, 65-66, 80, 85-86, 97
naturaleza, vivir en armonía con la, 18-19, 21-23, 33, 44, 64, 67, 68-70
Nerón, emperador, 9, 40, 50, 89, 91
Nicópolis, 15, 20, 37, 80, 87, 93

obsesión, 45, 77, 87
ocio, 76, 79

Pablo, san, 53
papeles, 31, 86-87
Paulina, esposa de Séneca, 50
perspectiva cósmica, 63-64
Platón, 16
pobreza, 19, 20
previsión de los males futuros, 56

primeros impulsos, 42
psicología cognitiva conductual, 98

rabia, 41
racionalidad, 88, 92
reflexión, matutina y vespertina, 30, 34, 74, 79
rencor, 38, 45
retiro, 76, 85
Roma, 9, 10, 15, 61, 79, 89, 91, 95
Rufo, Musonio, 91-92

Senado romano, 89-90
Séneca, Lucio Anneo, 9, 11, 34, 40-44, 49-58, 61, 68-69, 73-80, 82, 88-89, 98
Consolación a Helvia, 56, 97
Sobre la brevedad de la vida, 74-79

Sobre la ira, 40
Sobre la providencia, 50, 53, 55
sociabilidad, 92
Sócrates, 16-17, 18, 19, 22, 23, 81
Stoa Pintada, en Atenas, 10

terapia racional emotiva conductual, 98
tiempo, 73-79, 94

valor, 17, 23, 30, 74, 94
venganza, deseo de, 41
Vespasiano, emperador, 89-90, 91
virtud (y vicio), 18, 19, 21, 41, 52, 86, 92, 93, 95

Zenón de Citio, 10, 18, 19, 20, 33
Zeus, 64

Lecciones de estoicismo de John Sellars
se terminó de imprimir en diciembre de 2023
en los talleres de
Litográfica Ingramex, S.A. de C.V.
Centeno 162-1, Col. Granjas Esmeralda, C.P. 09810
Ciudad de México.